AF152494

BEI GRIN MACHT SICH IHR WISSEN BEZAHLT

- Wir veröffentlichen Ihre Hausarbeit, Bachelor- und Masterarbeit

- Ihr eigenes eBook und Buch - weltweit in allen wichtigen Shops

- Verdienen Sie an jedem Verkauf

Jetzt bei www.GRIN.com hochladen und kostenlos publizieren

Finanzierung und Unternehmensentwicklung. Erweiterung der Geschäftsfelder eines Unternehmens

Dominik Conrad

Bibliografische Information der Deutschen Nationalbibliothek:

Die Deutsche Nationalbibliothek verzeichnet diese Publikation in der Deutschen Nationalbibliografie; detaillierte bibliografische Daten sind im Internet über http://dnb.d-nb.de abrufbar.

ISBN: 9783346479914
Dieses Buch ist auch als E-Book erhältlich.

Druck und Bindung: Books on Demand GmbH, Norderstedt Germany
Gedruckt auf säurefreiem Papier aus verantwortungsvollen Quellen

Das vorliegende Werk wurde sorgfältig erarbeitet. Dennoch übernehmen Autoren und Verlag für die Richtigkeit von Angaben, Hinweisen, Links und Ratschlägen sowie eventuelle Druckfehler keine Haftung.

Das Buch bei GRIN: https://www.grin.com/document/1059947

Deutsche Hochschule für
Prävention und Gesundheitsmanagement
Hermann Neuberger Sportschule 3
66123 Saarbrücken

Einsendeaufgabe

Fachmodul: Finanzierung und Unternehmensentwicklung

Studiengang: MBA Sport-/ Gesundheitsmanagement

Datum
Präsenzphase: 03.05.2021 – 06.05.2021

Name, Vorname: Conrad, Dominik

Studienort: Saarbrücken

Semester: SS 2020

Inhaltsverzeichnis

1 Vorstellung des Unternehmens

Für diese Einsendeaufgabe wurde das Szenario A gewählt. Es geht also im Folgenden um ein real existierendes Unternehmen, welches seine Geschäftsfelder erweitern und weiter wachsen möchte.

Das ausgewählte Unternehmen ist das „Sportcenter Sigmaringen". Hierbei handelt es sich um ein Gesundheits- und Fitnessstudio in Form eines Einzelunternehmens, welches in der Stadt Sigmaringen ansässig ist (Sportcenter Sigmaringen, 2021). Das Unternehmen ist demnach der Fitness- und Gesundheitsbranche zuzuordnen.

Laut Sportcenter Sigmaringen (2021) bietet das Unternehmen, aus den drei Bereichen „Fitness, Wellness und Beauty", aktuell folgende Produkte und Leistungen an:

- Milon Kraft-Ausdauer-Zirkel und Milon Kraft-Zirkel, inklusive Software zur Einstellung der Kraftgeräte und Kontrolle des Trainingserfolges (Milonizer und Milon-Care Software)
- Fitnesstraining mit Freihantelbereich, Kraftgeräten, Seilzügen und „PowerPlates"
- Ausdauertraining mit Indoorcycling Räumlichkeiten
- Personaltraining, inklusive Eingangs- und Vitaltests und regelmäßigen „Re-Checks"
- Großzügiges Kursprogramm mit ausdauer-, kraft- und beweglichkeitsorientierten Kursen
- Finnische Sauna, Solarium und Wasserstrahlmassage
- Zusätzliches Angebot von klassischen Massagen und Thaimassagen
- Sowie das aktuelle Angebot von kostenlosen Online-Kursen und online verfügbaren Trainingsvideos

2   Geschäftsmodell

2.1   Unternehmerische Gelegenheit

Als unternehmerische Gelegenheit beschreiben Fueglistaller et al. (2012, S.30) die Möglichkeit, ein neues Produkt, oder eine neue Dienstleistung/Methode, auf dem Markt einführen zu können, um damit Gewinn zu erzielen. Es muss sich ein Ungleichgewicht zwischen Angebot und Nachfrage entwickelt haben, welches der Unternehmer/Unternehmensgründer für sich nutzen kann.

Die unternehmerische Gelegenheit des Sportcenter Sigmaringens ist das fehlende Angebot einer Ernährungsberatung. Das Fitness- und Gesundheitsstudio bietet ein umfangreiches Angebot von „Fitness, Wellness und Beauty" an (Sportcenter Sigmaringen, 2021). Jedoch bietet das Unternehmen keine Leistungen im Bereich Ernährung an. Demzufolge ist davon auszugehen, dass eine erhöhte Nachfrage nach dem Angebot einer Ernährungsberatung vorhanden ist, da diese Komponente im Angebotsspektrum bisher überhaupt nicht enthalten ist. Die Einführung eines neuen Geschäftsbereiches, mit einer Ernährungsberatung, würde so eine neue Leistung auf einem neuen Markt (Ernährungsberatungen) darstellen. Hierzu sollte man die unternehmerische Gelegenheit etwas weiter ausführen.

Nach Fueglistaller et al. (2012, S. 64-68) kann man unternehmerische Gelegenheiten grob in zwei Ansätze unterscheiden. Der Entdeckungsansatz geht davon aus, dass unternehmerische Gelegenheiten durch Umwelteinflüsse (z.B. Veränderung der Kundenbedürfnisse oder neue Technologien) entstehen und durch den Entrepreneur „entdeckt" und genutzt werden müssen.

Der Entstehungsansatz geht, im Gegensatz dazu, davon aus, dass ein Entrepreneur die unternehmerische Gelegenheit selbst erschaffen muss. Nach diesem Ansatz entstehen Gelegenheiten nicht durch exogene Veränderungen, sondern durch das Handeln und Erschaffen des Entrepreneurs selbst (Fueglistaller et al., 2012, S.65-68).

Im Fall der Einführung einer Ernährungsberatung lässt sich dies nicht vollkommen zu einem Ansatz zuordnen. Eine Übereinstimmung mit dem Entdeckungsansatz ist gegeben, da vorstellbar ist, dass sich die Kunden des Fitnessstudios, neben Sport- und Wellnessangeboten, auch eine Ernährungsberatung wünschen würden. Es entsteht durch eine Veränderung der Kundenwünsche eine Gelegenheit. Diese Gelegenheit kann beispielsweise durch das steigende Gesundheitsbewusstsein der Bevölkerung entstehen. Der Unternehmer müsste diese Gelegenheit nun „entdecken" (erkennen) und seinen ökonomischen Nutzen daraus ziehen.

Eine Übereinstimmung mit dem Entstehungsansatz kann jedoch ebenso festgestellt werden. Es besteht die Möglichkeit, dass die Kunden des Sportcenter Sigmaringen noch gar kein eigenes Bedürfnis nach einer Ernährungsberatung entwickelt haben. Wird der Entrepreneur folglich zuerst aktiv und führt eine Ernährungsberatung ein, erschafft er damit selbst die Gelegenheit, ein Bedürfnis nach Ernährungsberatung auf dem Markt (bei den Mitgliedern) zu erzeugen und damit Geld zu verdienen.

Es kann also festgehalten werden, dass keine klare Zuordnung zu einem Ansatz möglich ist. Es gibt Faktoren, welche für eine Zuordnung zum Entdeckungsansatz, aber auch zum Entstehungsansatz, sprechen.

2.2 Value Proposition Canvas

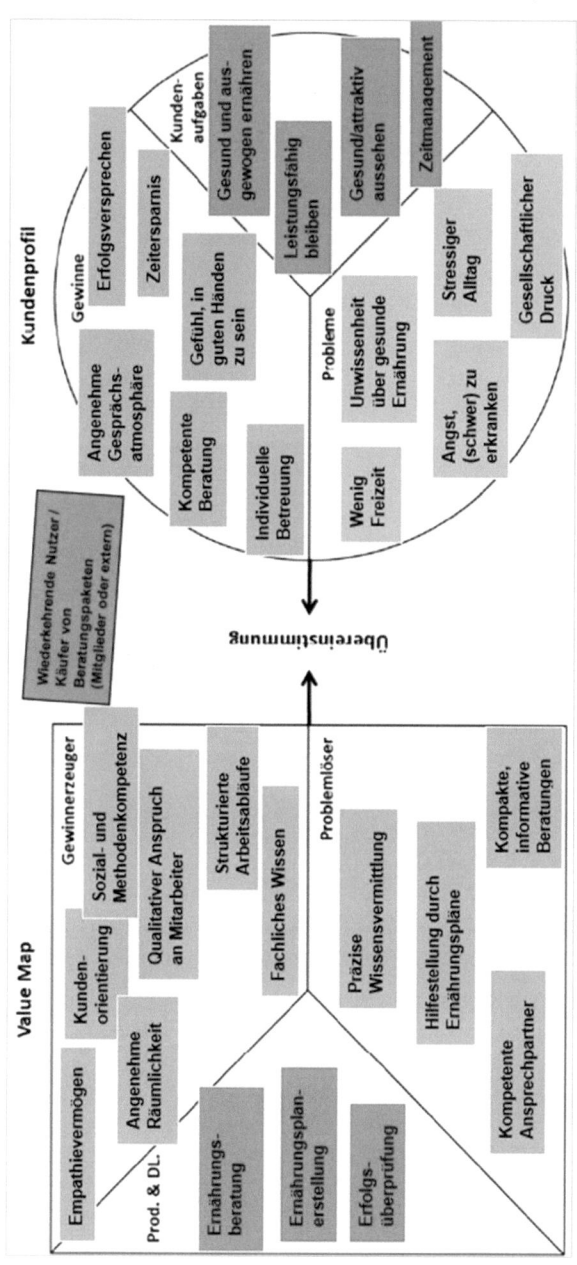

Abb. 1: Value Proposition Canvas (modifiziert nach Osterwalder et al., 2015, S. 8-9)

2.3 Business Model Canvas

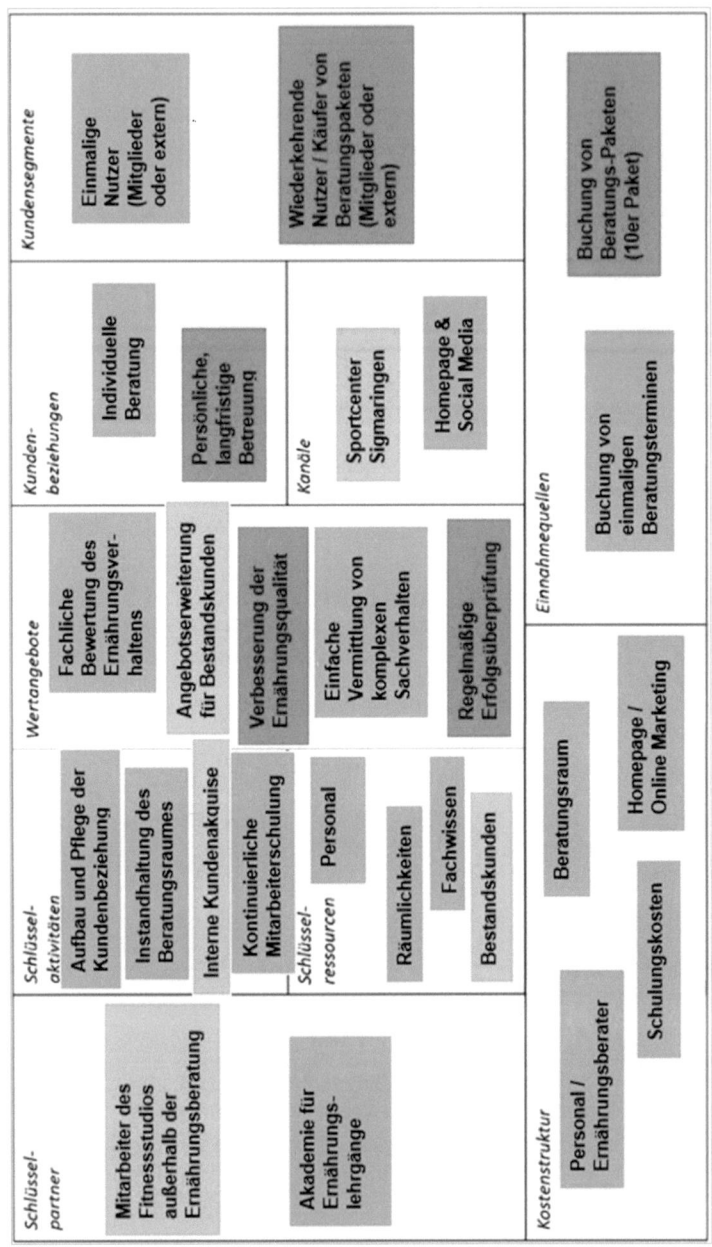

Abb. 2: Business Model Canvas (modifiziert nach Osterwalder & Pigneur, 2011, S. 22-23)

7/15

3 Test des Geschäftsmodells

In den nachfolgenden zwei Tabellen (Tab. 1 und Tab. 2) wird jeweils eine Test Card aufgeführt, die sich mit einer Hypothese zum oben aufgeführten Geschäftsmodell befasst. Tab. 1 befasst sich mit einer Hypothese, die das grundsätzliche Interesse der neuen Leistung überprüfen soll, und Tab. 2 befasst sich mit einer Hypothese, welche die Zahlungsbereitschaft der Kunden überprüfen soll.

Tab. 1: Test Interesse/Marktrelevanz

Wir glauben, dass...
... die Mitglieder des Sportcenter Sigmaringens, und externe Nutzer, an einem Angebot einer einmaligen fachlichen Bewertung ihres Ernährungsverhaltens interessiert sind.
Um dies zu verifizieren, werden wir...
... 50 Personen, bestehend aus Mitgliedern und Nicht-Mitgliedern, im Fitnessstudio und der Innenstadt Sigmaringens, interviewen und nach ihrem generellen Interesse befragen.
Und messen...
... dabei, über eine mündliche Befragung, wie sehr sie, auf einer Skala von 1-10, an einer Ernährungsberatung interessiert sind.
Wir liegen richtig, wenn...
... mindestens 50% der Befragten (25 Personen) eine 8 oder höher angeben.

Wir glauben, dass...
... die Mitglieder des Sportcenter Sigmaringens, und externe Nutzer, bereit dazu sind, das Angebot einer einmaligen fachlichen Bewertung ihres Ernährungsverhaltens, in Form eines Vorabverkaufes, zu erwerben.
Um dies zu verifizieren, werden wir...
... einen Link, zur Information und zum Vorabverkauf von Beratungsterminen, auf unserer Homepage einpflegen und bewerben.
Und messen...
... wie viele der Personen, welche auf den Link geklickt haben, einen Beratungstermin gebucht und bezahlt haben.
Wir liegen richtig, wenn...
... mindestens 30% der Personen, welche auf den Link geklickt haben, eine vollständige Buchung inklusive Zahlung durchgeführt haben.

4 Finanzplanung

4.1 Kapitalbedarfsplanung und Finanzierung

In nachfolgender Tabelle (Tab. 3) wird die Kapitalbedarfsplanung für das neue Geschäftsmodell übersichtlich dargestellt.

Tab. 3: Kapitalbedarfsplanung (in Anlehnung an IHK Arnsberg, 2016, S. 15)

Investitionsplan	
Umbau- und Renovierungskosten Beratungsraum	1.000,00€
Ausstattung	2.500,00€
Anteilige Raumkosten für den Beratungsraum, ca. 20m² (Miete, Versicherung, Energiekosten, Betriebskosten, Reinigung) im ersten Monat	500,00€
Personalkosten im ersten Monat	12.000,00€
Eröffnungswerbung (Homepage und Social Media)	1.000,00€
Ausbildungskosten	5.000,00€
Puffer für unvorhersehbare Kosten	3.000,00€
Gesamtkapitalbedarf	25.000€

Um den oben aufgeführten Kapitalbedarf decken zu können, kommen folgende Finanzie-
rungsformen in Frage.

Es kommt zum einen eine kurzfristige Fremdfinanzierung in Form eines Bankkredites in
Frage. Hierbei ist der größte Vorteil, dass der Investor (die Bank) keine Anteile am Unternehmen erhält (Evers, 2016, S. 48-49)

Das Geschäftsmodell der Ernährungsberatung kann somit umgesetzt werden, ohne dass
ein Investor Anteile am Sportcenter Sigmaringen erhält. Die Unternehmensführung bleibt
folglich unabhängig von anderen Anteilhabern. Des Weiteren hat die Bank, durch das
schon bestehende Unternehmen des Sportcenter Sigmaringen, eine gewisse Sicherheit
und wird eventuell einen niedrigeren Zinssatz, als bei einer kompletten Neugründung eines Unternehmens, ansetzen.

Außerdem könnte in den ersten Monaten, ohne starke Umsatzzahlen des neuen Geschäftsbereiches, eine tilgungsfreie Zeit eingeplant werden, um die Liquidität sicherstellen zu
können (Evers, 2016, S. 49).

Die Form der kurzfristigen Finanzierung macht außerdem aufgrund des relativ niedrigen Kapitalbedarfs Sinn, da viele gesellschaftliche Investoren erst bei viel höheren Summen (und Renditen) interessiert sind.

Als zweite Form der Finanzierung kommt, in Form einer Beteiligungsfinanzierung, nur ein stiller Gesellschafter in Frage. Da es sich beim Sportcenter Sigmaringen um ein Einzelunternehmen handelt, würde ansonsten die Unternehmensform (Olfert & Reichel, 2003, S. 185).

Hierbei erhält der stille Gesellschafter, als Gegenleistung seiner Geldeinlage, zwar Anspruch auf einen anteilmäßigen Gewinn, jedoch kann er keinen direkten Einfluss (nur Kontrollrecht) auf die Unternehmensführung des Einzelunternehmens ausüben (Eilenberger & Haghani, 2008, S. 91).

Der Gesellschafter erhält durch seine Geldeinlage also keine „echte Beteiligung" am Unternehmen, er verhält sich still (Grunow & Figgener, 2006, S. 204).

Das Sportcenter bleibt daher in seiner Unternehmensführung unabhängig, kann jedoch die Geldeinlage des stillen Gesellschafters für die Umsetzung des neuen Geschäftsmodells nutzen.

In beiden Fällen bleib das Unternehmen unabhängig und weißt weiterhin nur einen Gesellschafter auf. Dies stellt einen großen Vorteil für die Unternehmensführung dar, vor allem wenn keine weiteren Stimmrechte erwünscht sind. Bei beiden Fällen wird jedoch der Gewinn des Unternehmens geschmälert. Im Fall des Bankkredites müsste das Unternehmen Zinsen zahlen und im Fall des stillen Gesellschafters eine vorher vereinbarte Gewinnbeteiligung.

4.2 Rentabilitätsplanung

In nachfolgender Tabelle (Tab. 4) wird eine Rentabilitätsplanung für die ersten vier Quartale aufgestellt und in Tab. 5 die Rentabilitätsplanung für das zweite Geschäftsjahr (Quartale 5-8). Die Rentabilitätsplanung wird für den Bereich der Ernährungsberatung durchgeführt, somit sind die Umsätze und Kosten als anteilig für diesen Geschäftsbereich (anteilig für den Beratungsraum, ca. 20m^2) zu sehen.

Tab. 4: Rentabilitätsplanung 1. Geschäftsjahr (in Anlehnung an IHK Arnsberg, 2016, S. 16)

Rentabilitätsvorschau	1. Quartal	2. Quartal	3. Quartal	4. Quartal
Umsatzplan				
Umsatz	55.000,00€	60.000,00€	65.000,00€	70.000,00€
Umsatzerlös	55.000,00€	60.000,00€	65.000,00€	67.000,00€
Kostenplan				
Miete	880,00€	880,00€	880,00€	880,00€
Betriebskosten	120,00€	120,00€	120,00€	120,00€
Energiekosten	100,00€	100,00€	100,00€	100,00€
Reinigungskosten	150,00€	150,00€	150,00€	150,00€
Versicherungen	250,00€	250,00€	250,00€	250,00€
Instandhaltung	500,00€	500,00€	500,00€	500,00€
Personalkosten	35.000,00€	35.000,00€	38.000,00€	38.000,00€
Weiterbildungskosten	15.000,00€	5.000,00€	5.000,00€	5.000,00€
Marketingkosten	4.000,00€	4.000,00€	4.500,00€	4.500,00€
Sonstige Kosten (Telefon, Internet, Bürobedarf, etc.)	500,00€	500,00€	500,00€	500,00€
Abschreibungen	200,00€	200,00€	200,00€	200,00€
Aufwendungen insgesamt	56.700,00€	46.700,00€	50.200,00€	50.200,00€
Betriebsergebnis (U-K)	-1.700,00€	13.300,00€	14.800,00€	16.800,00€

Tab. 5: Rentabilitätsplanung 2. Geschäftsjahr (in Anlehnung an IHK Arnsberg, 2016, S. 16)

Rentabilitätsvorschau	5. Quartal	6. Quartal	7. Quartal	8. Quartal
Umsatzplan				
Umsatz	70.000,00€	72.000,00€	74.000,00€	80.000,00€
Umsatzerlös	70.000,00€	72.000,00€	74.000,00€	80.000,00€
Kostenplan				
Miete	880,00€	880,00€	880,00€	880,00€
Betriebskosten	120,00€	120,00€	120,00€	120,00€
Energiekosten	100,00€	100,00€	100,00€	100,00€
Reinigungskosten	150,00€	150,00€	150,00€	150,00€
Versicherungen	250,00€	250,00€	250,00€	250,00€
Instandhaltung	500,00€	500,00€	500,00€	500,00€
Personalkosten	40.000,00€	40.000,00€	40.000,00€	42.000,00€
Weiterbildungskosten	10.000,00€	5.000,00€	5.000,00€	5.000,00€
Marketingkosten	5.000,00€	5.000,00€	5.000,00€	6.000,00€
Sonstige Kosten (Telefon, Internet, Bürobedarf, etc.)	500,00€	500,00€	500,00€	500,00€
Abschreibungen	200,00€	200,00€	200,00€	200,00€
Aufwendungen insgesamt	57.700,00€	52.700,00€	52.700,00€	55.700,00€
Betriebsergebnis (U-K)	12.300,00€	19.300,00€	21.300,00€	24.300,00€

5 Literaturverzeichnis

Eilenberger, G. & Haghani, S. (2008). *Unternehmensfinanzierung zwischen Strategie und Rendite* (Academic network). Berlin: Springer.

Evers, J. (2016). Schnell-Check: Die Top-Finanzierungswege. *Starting up*, (2), 48-49.

Fueglistaller, U., Müller, C. A., Volery, T. & Müller, S. (2012). Entrepreneurship. Modelle – Umsetzung – Perspektiven Mit Fallbeispielen aus Deutschland, Österreich und der Schweiz // Modelle, Umsetzung, Perspektiven ; mit Fallbeispielen aus Deutschland, Österreich und der Schweiz (Lehrbuch, 3. Aufl.). Wiesbaden: Gabler.

Grunow, H.-W. G. & Figgener, S. (2006). *Handbuch Moderne Unternehmensfinanzierung. Strategien zur Kapitalbeschaffung und Bilanzoptimierung. Berlin.* Zugriff am 03.06. 2021.

IHK Arnsberg. (2016). *Checkliste zum Unternehmenskonzept.* Zugriff am 03.06.2021. Verfügbar unter https://www.ihk-arnsberg.de/Gruendungszuschuss_nach___93_SGB_III.HTM

Olfert, K. & Reichel, C. (2003). *Finanzierung* (Kompendium der praktischen Betriebswirtschaft, 12., aktualisierte und erweiterte Aufl.). Ludwigshafen (Rhein): Kiehl.

Osterwalder, A. & Pigneur, Y. (2011). *Business Model Generation. Ein Handbuch für Visionäre, Spielveränderer und Herausforderer.* Frankfurt am Main: Campus.

Osterwalder, A., Pigneur, Y., Bernarda, G. & Smith, A. (2015). *Value Proposition Design. Entwickeln Sie Produkte und Services, die Ihre Kunden wirklich wollen, mit.* Frankfurt [Main]: Campus.

Sportcenter Sigmaringen. (2021). *Sportcenter: Fitness | Wellness | Beauty – Start.* Zugriff am 19.05.2021. Verfügbar unter https://www.sportcentersigmaringen.de/

6 Abbildungs- und Tabellenverzeichnis

6.1 Abbildungsverzeichnis

6.2 Tabellenverzeichnis